AF690569

Kuch Pure Bahut Adhure

KUMARI NIKITA

BookLeaf Publishing
India | USA | UK

Copyright © KUMARI NIKITA
All Rights Reserved.

This book has been self-published with all reasonable efforts taken to make the material error-free by the author. No part of this book shall be used, reproduced in any manner whatsoever without written permission from the author, except in the case of brief quotations embodied in critical articles and reviews.
The Author of this book is solely responsible and liable for its content including but not limited to the views, representations, descriptions, statements, information, opinions, and references ["Content"]. The Content of this book shall not constitute or be construed or deemed to reflect the opinion or expression of the Publisher or Editor. Neither the Publisher nor Editor endorse or approve the Content of this book or guarantee the reliability, accuracy, or completeness of the Content published herein and do not make any representations or warranties of any kind, express or implied, including but not limited to the implied warranties of merchantability, fitness for a particular purpose.
The Publisher and Editor shall not be liable whatsoever...

Made with ❤ on the BookLeaf Publishing Platform
www.bookleafpub.in
www.bookleafpub.com

Dedication

उनके लिए,

जिन्होंने मेरे साथ अपने ज़िंदगी के कुछ पन्ने साझा किये,

और

मेरी नज़र और नज़रियों को परखा, बदला और संवार दिया।

Preface

अक्सर जीवन की भागदौड़ और दैनिक व्यस्तताओं के बीच हम अपनी अभिलाषाओं को कहीं पीछे छोड़ देते हैं। सामाजिक मर्यादाओं और उत्तरदायित्वों को निभाने के क्रम में हम वही करते रह जाते हैं जो दुनिया की नज़र में उचित है। हम स्वयं को यह दिलासा देते रहते हैं कि आने वाला कल वह अवसर लेकर आएगा जब हम अपनी इच्छाओं को जी सकेंगे, किंतु समय बीतने के साथ मुझे यह बोध हुआ कि समय कभी 'मिलता' नहीं, उसे अपनी प्राथमिकताओं से 'चुराना' पड़ता है।

इसी संकल्प के साथ मैंने अपने भीतर दबी उन आकांक्षाओं को स्वर देना शुरू किया, जिनमें से एक थी—कविता। ये कविताएँ केवल शब्द नहीं, बल्कि मेरे जीवन के उन अनुभवों और किरदारों का प्रतिबिंब हैं जिनसे मैं मिली। इसमें मेरी अपनी अनुभूतियों के साथ-साथ उन लोगों के सुख-दुख और किस्से भी शामिल हैं, जिन्होंने मुझ पर विश्वास कर अपने जीवन का एक अंश साझा किया। यह संग्रह उन्हीं साझा यादों और अनकही भावनाओं की एक अभिव्यक्ति है।

Acknowledgements

जब भी जीवन ने मुझे कृतज्ञता का भाव महसूस करने का अवसर दिया, मेरी स्मृतियों में सबसे पहले मेरा परिवार उभर कर आया। मैं अपने माता-पिता की ऋणी हूँ, जिनके अनथक परिश्रम और त्याग ने हमें न केवल जीवन में कुछ बनने के योग्य बनाया, बल्कि हमें अपनी शर्तों पर जीने की समझ दिया।

सात बहनों में सबसे छोटी होने के नाते, मुझे छह ऐसी मार्गदर्शक मिलीं जो कभी माँ, कभी दोस्त, तो कभी गुरु के रूप में मेरे साथ रहीं। यद्यपि मैंने उनसे कभी पारंपरिक रूप से 'कलम और किताब' लेकर शिक्षा नहीं ली, किंतु उनकी डाँट, उनके किस्सों और उनके लाड से मैंने जीवन के वे पाठ पढ़े जिनसे मेरा व्यक्तित्व गढ़ा गया।

इस अवसर को मैं कुछ उन विशेष नामों से सुसज्जित करना चाहती हूँ, जिनका योगदान मेरी इस संरचना को स्वरूप देने में अत्यंत महत्वपूर्ण रहा है:

मेरे पति, संजय कुमार, जिनका यह अटूट विश्वास कि 'मैं जो भी करूँगी, उसमें सफल होऊँगी', मुझे सदैव कुछ नया और बेहतर करने के लिए प्रेरित करता है।

मेरा बेटा, रूमी मल्हार, जो मात्र तीन माह का है, पर मुझे यह सिखा रहा है कि नींद उतनी भी अनिवार्य नहीं जितना मैं समझती थी। ब्रह्ममुहूर्त में मुझे जगाने की उसकी नन्हीं कोशिशों ने ही इस किताब को लिखने और प्रकाशित करने के विचार को जन्म दिया।

मेरे प्रिय मित्र, शोभित राजपूत, जिन्होंने न केवल स्वयं अपनी कविता संग्रह लिखकर मेरा साथ दिया, बल्कि उन दिनों में जब मैं समय नहीं निकाल पाती थी, उन्होंने निरंतर मुझे लेखन की याद दिलाई। जब दो लोग एक ही लक्ष्य की ओर साथ बढ़ते हैं, तो रास्ता वाकई सुगम हो जाता है।

मेरा धन्यवाद् " बूकलीफ़ पब्लिशिंग" को भी जाता है जो मुझ जैसे नए लेखकों को अपनी अभिव्यक्ति लोगों तक पहुंचाने का मौका देते हैं।

1. चोर

तुम्हारी नज़र बड़ी चोर है
जब मैं मसरूफ़ रहती हूँ अपने ख़यालों में
शाम की चाय पीते अपनी बालकनी में खड़े तुम
कई फासलों के बाद भी मेरी झलक चुरा लेते हो,

मुझे पता भी नहीं चलता
मिनट भर होती है हमारी बातें
और जब लौटते वक़्त मैं अपनी घड़ी देखती हूँ
तुम मेरी घड़ी से कई घंटे चुरा लेते हो,

बड़ी सफाई है तुम्हारी चोरी में
कल रात छिटकनी लगे मेरे कमरे में आकर
मेरे बिस्तर में बिना किसी चरमराहट की आवाज़ किये हुए
तुमने मेरी नींद से बोझिल आँखों से
अपने एक ख़याल के बदले पुरे रातों की नींद चुरा डाली,

रत जगे के बाद आज शाम काम से आते वक़्त
थके थके से मेरे कदम जब घर को आ रहे थे
अपनी बालकनी में फिर वही खड़े तुम
मुझे बस देखने मात्र से मेरे दिन भर की थकान चुरा ले गए,

तुम्हारी नज़र ही नहीं, पुरे के पुरे तुम बड़े चोर हो
मेरे दिल पे लगे तमाम तालों को
जिनकी चाबियाँ फ़ेंक दी थी मैंने

अपने मन के किसी गहरी खाई में
अपने पति के गुज़रने के बाद
इस बंद पड़े दिल में दबे प्रेम के,
एक एक जज़्बातों को चुराने का इलज़ाम है तुम पर।

रुकों,
अरे कैसे चोर हो तुम?
मेरे एक एक ग़म के बदले
अपनी सीधी सादी पाक़ जिंदगी का
हर लम्हा यहाँ भूल, कहाँ जा रहे हो?

2. क़िरदार

आज फिर खड़ी हूँ चौराहें पर
फिर दांव पर सब लगाना है
जमाना ताक लगाए बैठा हैं
और एक मुश्किल किरदार निभाना है।

अर्ध अंग अपना उसकी अस्थियों के संग
जो विसर्जित कर मैं आयी थी
बचे हुए उस अर्ध अंग को फिर
किसी के मन से लगाना है
किरदार है एक अर्धांगिनी का जो
फिर आज सकुशल निभाना है।

आधा मेरा मन आधे उसके मन से
अब कभी न मिल फिर नेक होंगे
आधा पौना सब रह जाएगा
हालातों में बंधे यह न एक होंगे।

मेरी कोंख से न जन्मी
न है जो मेरा अंश
जब जब मुझको "माँ" बुलाऐगी
क्या मेरा अंतर्मन उस भोले मन को
उसके माँ से कभी मिला पाएगी?

किरदार है मुश्क़िल बिन ममता के

फिर माँ माँ कहलाने का
एक सुने घर के सुने आँगन में
फिर सुख के दिये जलाने का।

3. बिखरे तरन्नुम

तरन्नुम टूट गए, राग बिखर गया
बेवजह सी वजह पर आज मन फ़िर किधर गया ?

सुबह तो सुबह थी हर सुबह के ही जैसी
फ़िर क्यों रोकी न खुद को, कर दी ऐसी की तैसी।

जो सुन कर भी रोज़ अनसुना करती थी मैं
आज धारा प्रवाह सी प्रचंड रूप क्यों मैं ?

जो लगता था तीर रोज़ ज़ख्म छोड़ता था,
फ़िर हर दिन क्यों शीतल और आज और सा था।

जो देखूं आईने में सब दाग वैसे के वैसे
फ़िर आज मन पर क्यों एक नील सा पड़ गया था।

कहता था वो मैं थी उसकी तरन्नुम
ज़न्नत सा था सोचा पर वो निकला ज़हन्नुम

प्यार के हर उजाले में अँधेरा सा हिस्सा
सच मेरा ही था या घरों का ये किस्सा।

इस किस्से को आज मैं किस के संग बाटूँ
चीखुं रो पडूँ या अब बस नस अपनी काटूं?

कौन मानेगा लूटा उसने जिसपे था लुटाया
मेरी मांग से जांघ तक हर हिस्सा जलाया।

जलने भर से मेरे सुकून उसको था मिलता
आज जलती हूँ मैं पूरी सुलगती हूँ सुहागन
दैत्य परमेश्वर हैं जिसके
ऐसी मैं अभागन
ऐसी मैं अभागन।

4. लिफ़ाफ़ा

बीती बातें, कठोर फटकार और अनगिणत यादों से लिपटा
मन का ज़ख्म आज भी काफ़ी हरा था,

सहेजें अपने जीवन की जमा पूँजी
छोड़ गए थे वह जो बंद लिफ़ाफ़ा,
हम दो भाइयों के नाम
तमाम सरकारी दस्तावेजों के साथ
आज महीनो बाद भी मेरे मेज़ पर
वही धुल खाये शांत पड़ा था।

हिम्मत नहीं पड़ी हम दो जवान भाइयों को
की चल कभी उस लिफ़ाफ़े को उठाएँ हम,
कन्धा दे कर इतने कमज़ोर पड़ गए थे हम,
की कैसे उस लिफ़ाफ़े का भार उठायें हम।

ग़म की कई सुबह और शामों में
जब बीतें दिन को याद करता हूँ
याद आती है हमारे हर एक जन्मदिन की सुबह
सुनाई पड़ते हैं हम दोनों भाइयों के
अल्हड़ भागे भागे से कदम
आज भी महसूस होते है उन चाँद नोटों
से भरे उन लिफ़ाफ़े का वजन,
जो कुछ तो हमारे बचपन और कुछ बाबूजी की मेहनत
के कारण, काफ़ी भारी लगते थे।

आज जब छोड़ गायें हैं अपने पीछे,
अपनी ज़िंदगी की सारी मेहनताना,
तो लगा नहीं पा रहे दो भाई उनका मोल
चाह कर भी नहीं पा रहें
उस धूल से लिपटे लिफ़ाफ़े को खोल।

5. झूठ

अच्छा लगा तुमसे मिल के
जब मैंने बोला तो उसने भी बोल दिया, मुझे भी,
तो क्या झूठे हैं वो ?

जब जब मैंने अपने दोस्तों से कहा
की वैसा कुछ भी नहीं मेरे और उनके बीच
तो क्या झूठी हूँ मैं ?

कुछ भी ज़रूरत हो मुझे याद कर लेना,
मैं बस एक कॉल की दूरी पर हूँ,
ऐसा कह कर जब वो कॉल करे मेरा कई बार अनदेखा
तो क्या झूठे हैं वो ?

मिलने पर फ़िर जब
मुझसे पूछे, सब ठीक
तो एक पल की देरी के बिना
मैं बोलूं, सब बिलकुल ठीक
तो क्या झूठी हूँ मैं ?

जब वो बोले, मेरी हर ज़रूरत से हो जरुरी ज़्यादा तुम,
मेरी ज़िन्दगी का हिस्सा आधा तुम,
पर जब मिलने का करते हो वादा तुम
तुम तोड़ हर वादे जाते हो
कभी सच्चे मन से, प्यार से कहा बुलाते हो

तो क्या झूठे हो तुम ?

मुझे कोई फर्क नहीं पड़ता कहती हूँ मैं
जब उसकी दिलचस्पी हो मुझसे ज़्यादा
किसी और की किसी और में
तो क्या झूठी हूँ मैं ?

अगर मेरा झूठ मेरी ख़ुशी है
और उसका भी झूठ मेरी ही ख़ुशी हैं,
तो क्या झूठी हूँ मैं ?

6. दुपहिया

ग़र आज है वर्तमान
और कल सबका भविष्य होगा,

तो भूत का कल भी
तो भूत का भविष्य होगा,

भविष्य के भविष्य में सोचों
कौन सा आज रक्खा हो

क्या है इल्म इसका
की आज के आज से ज़्यादा
भविष्य के आज को नसीब होगा ?

कालचक्र के दोपहिये में
भाग मन वेग लगता जाता होगा
कभी भविष्य को पीछे छोड़
भूत जैसा भविष्य मनाता होगा।

और इसी बेसुध दौड़ में जब
कभी भूत से भाग मन
आज के करीब होगा
तो किसने जाना की
आज का भविष्य
भूत से ज़्यादा गरीब होगा।

इस दोपहिये का सा चालक मन
कब चालक से चालाक होगा
कब कल और कल की सोच से ऊपर
अपने आज की आज में सरीक होगा ?

7. बिकाऊ बचपन

बिकते होंगे कभी दुकानों में सोने चांदी
एक ऊँची ईमारत या राजनैतिक दंगे की आंधी,
आज कुछ नोटों के बदले
बचपन भी बिक रहा है।

नन्हे हाथ जिनमे तक़दीर की रेखा भी थी न उभरे पायी
चुभ चुभ के सौ सुई अपनी उंगलियां ली सुजायी।

भूखे पेट वो तेरे बंदगले सील रहें हैं
बंद कर अपने गले, वो खुद से कब मिल रहे हैं।

रूई से थे जो कोमल और रेशम सा पाक जिनका बचपन
आज ढ़कते है तेरा तन, बेच के अपना बचपन।

कल जब महफ़िल में तुम अपनी लाल स्वेटर दिखाना
मान कर चलो तुम ये होगा इंसानियत को ताना,

न छोड़ोगे जबतक तुम न छोड़ेगा ये जमाना
भट्टियों में नन्हे अरमानों को जलाना ,

सस्ता था जो स्वेटर तुमने आज फ़िर उसको बदला
पीछे छोड़ ३५ सोचूं अब क्या खरीदू अगला,

इतनी तेजी से तो तुमने न चरित्र अपना बदला

अपनी गलतियों पे डाल चादर, फिर वस्त्र भर ही बदला,

तेरे तन ढ़कने से न होगी मन की कोई सफाई
पर कहीं भट्टियों में आज फिर किसी ने होगी बचपन सुलगायी।

8. निर्माण

निर्मित का निर्माण क्यों ?
प्रेम का प्रमाण क्यों,
भावों का अनुमान क्यों,
अति का यूँ गुमान क्यों,
और अंत से फिर परेशान क्यों ?

अस्तित्व की पहचान क्यों,
जाती से अपमान क्यों,
रंग हर लहू का लाल क्यों,
जब प्राण भरे स्वयं ईश्वर ने तो
जीवित का निर्माण क्यों ?

तेरे कर्म का कटे प्रवाह क्यों,
मंज़िल से पहले पहाड़ क्यों,
आलस्य या विश्राम क्यों,
जब तन मन में लग जाए लगन तो
उड़ान को विमाण क्यों ?

काट वृक्ष जंगल सुनसान क्यों,
निश्छल जीवों से बेईमान क्यों,
जब दिए अनेक राह चलने को,
तो फिर सड़कों का निर्माण क्यों,
निर्मित का फिर निर्माण क्यों ?

9. आभाव

जीवन के इस घुमाओदार पथ पर
रुक रुक के चलना मेरा भाव न था
अगले को छोड़ पिछले मोड़ से टिकना
इस मन का तो स्वभाव न था।

खुली आँखों से सब भरा पूरा था,
किचड़ में मेरा पाँव न था,
बंद आँखों से भी टटोल के देखा,
लगा कोई भी तो आभाव न था।

पर क्यों अनजाने उस जटिल सख्श से
मिलना कड़क धुप में छाँव लगा,
फटकार था जिनके व्यवहार का अर्थ,
हर मोड़ पर गहरा घाव लगा।

विकल्प नहीं छोड़ा था जिसने,
हारने और बेहतर के बीच,
बेहतर को चुन जब आगे बढ़ी
तो साँसों तक को दबाव लगा।

जल में ही सिमटा भय था मेरा
जल से कोई भी तो लगाव न था,
जलमग्न हुए आज वह सब कच्चे भाव,
तो तैरना मेरा ही स्वभाव लगा।

जल से अलग अब न भाव था मेरा
तो फिर किसका आज आभाव लगा।

10. गेरू

अल्हड़ सी रस्सी में
लिपटे कुछ गेरू,
दे जाते दिशा की
कहाँ छाप छोड़ूँ।

पहाड़ो की नदियाँ या
झरनो की मछली,
गेरू से थी उभरी
फिर आँचल पे बिखरी,

कच्चा रंग था जिसका
पर था पक्का इशारा,
मछली की जगह
मछली को ही उभारा,

न तेरी ही थी
न वो मेरी थी गेरू,
जो धो डालों आँचल
बस मछली न गेरू,

जब लहराया आँचल
कर ने ताली बजाए ,
नीले और हरे ने
अपने कन्धे उचकाए,

कोने में पड़ी
बिलख जाती थी गेरू,
पर अगले ही पल
फिर बिछ जाती थी गेरू,

आज तितली और फूलों से
फिर था आँचल सजाना,
लिपट के डोरी से फिर हंसती थी गेरू
मुस्कुराती थी गेरू।

11. सन्नाटा

बहुत बोलती थी वो, कुछ बरबोली थी,
पर हर बातों में उसके सन्नाटा था।
हँस कर जब वो चूमे आँखे मेरी,
मेरी आँखों में भी घोर सन्नाटा था।

मन मेरा उसके इस सन्नाटे को
क्या कभी समझ भी पाया था,
सोच वो सारी प्यारी बातें
आज उसके कमरे में आया हूँ,
हर चीज़ वही है, वैसे की वैसी
पर खुद को सन्नाटे में पाया हूँ।

समेटे अपने इस बिखरे से मन को
अब जब भीड़ के बीच भी जाता हूँ
बड़ा अचंभित हो जाता हूँ जब
वहां भी खुद को अकेला ही पाता हूँ।

सड़कों पर चलते यादें उसकी
मुझे चीख चीख पुकारे हैं,
मेरा मन न माना कभी वो
कुफ्त में थी कभी,
क्या यहीं सोच आज बन बैठे
मेरे अंतर्मन के अंगारे है ?

क्या देखा मैंने जब आँखें थी बंद,
क्या सोचा कभी की आज बातें थी मंद,
जब जब जताया उसने अपने जज़्बातों को,
उसे लगा देखता हूँ मैं,
सुनता हूँ और समझता हूँ उसके हालातों को।

बरबोली थी वो, और भोली भी तो थी,
उसे लगा देखूँगा मैं,
ना आज सही पर शायद कल पड़सो,
ऐसे ही तो उसने काँटें वर्षों,

देखूंगा आज सब तेरी कसम से
देखूंगा, सुनूंगा और समझूंगा भी,
बैठा हूँ उसकी तस्वीर थामे अब जब,
फिर भी तो चारों तरफ सिर्फ और सिर्फ सन्नाटा है।

12. नरम

मेरी नरम नरम सी बातों पर कब तुम,
गरम गरम हो उठती हो,
मैं सहम सहम सा जाता हूँ जब तुम,
कदम कदम पर रूठती हो।

डर ये कभी नहीं रहता इस मन में,
तुम छोड़ छाड़ सब जाओगी,
यह तो काफ़ी दूर की बात है,
ऐसे सब तो न ठुकराओगी ?

हाँ, पर डर है जो मेरे मन का साथी,
रोज़ रोज़ तो न मैं बतलाता हूँ,
फिर आज जो बैठी हो मुँह फेरे तुम,
सोच सोच कुछ ठहरा सा मैं रह जाता हूँ ।

यूँ देख तेरी इस नाराज़ी को,
आँखें लहर लहर हो उठती है,
मेरी ही क्या तेरी भी तो साथी,
हर शाम सहर से रूठती है।

लूटा लूटा सा लगता है हर पल,
काल काल हो जाता है,
नरम नरम सी बातों में साथी,
ज़हर ज़हर जब घुल जाता है।

मेरी नरम नरम से बातों पर तुम,
नरम नरम ही सोच रखना
नरम गरम जब होने लगे तो,
जज़्बातों पर अपनी ओस रखना।

13. पीले फूल

मेरी नियत ने तय की थी मेरी नियति,
या नियति से नियत तक का रहा है ये सफ़र ?

नियत तो हरगिज़ नहीं थी वापस,
उस दरवाज़े को खट-खटाने की,
फिर यह कदम आज क्यों रखे है,
मुझे खड़ा उस दहलीज़ पर ?

नियत ने तो काफ़ी कठोर सा,
दे रखा था मुझे दिलासा कि,
अब उन पीले फूलों की खुशबुओं से
नहीं है मेरा और मेरे मन का कोई वास्ता।

पर आज,

कहीं इन जानी पहचानी से गलियों में,
लदी पड़ी थी जहाँ वह डाली अनगिनत पीले फूल
को अपने बाहों में समेटे,
बुला रही थी मुझे निरंतर अपनी ओर,
कुछ इशारें से या फिर छलावें से ,

क्यों मेरी नियत ने आज अचानक
मेरे कठोर इस मन में एक
नरमी पैदा कर दी है ?

क्यों भूल कर वो सारे संवाद जो मैंने किये थे,
कुछ उन से
और
कहीं ज्यादा अपने आप से भी।

आज फिर कड़ी हूँ उसकी उसी देहलीज़ पर मैं,
कानों के पीछे पीले फूल सजाये
एक बार फिर,
मैं और मेरी नियति।

14. खिड़की की कग़ार

उस बड़े से मक़ान के उस छोटी सी,
खिड़की के कग़ार ने देखे थे अनगिनत ख्वाब,
एक एक ईंट मिलकर जब कर रहे थे उसका विस्तार,

आज बन कर तैयार हूँ मैं,
कोमल और कठोर के बीच कहीं,
तैयार हूँ मैं सुनने वो सैंकड़ो कहानियां,
जो मुझ पर टेक लगा कर करती है बिटिया रानी,

मेरे सहारे के बिना कहाँ बुला पाती है वो,
गली में जाते उन फ़ेरीवालों को,

सोचने बैठूं तो काफ़ी जिम्मेदारी का एहसास होता है मुझे,
आगे चल जब बिटिया रानी मुझ ही पर टेक लगा कर
जब करेगी अपने प्रेमी से अपने मन का हर इज़हार,

क्या छुपा पाऊंगा मैं वो सारी बातें माँ से,
क्या छल पाऊंगा उनका विश्वास सही समय आने तक,
क्यूंकि माँ की हर डांट से वाकिफ हूँ मैं,
उनकी कठोर आवाज़ मुझे यूँ पिघला देती है,
जैसे मैं हूँ बस एक बर्फ़ के परत मात्र,

पर इतना कमजोर भी नहीं हूँ मैं,
अपने जान से ज्यादा रखता हूँ ख़याल,

माँ के हर अचार की बर्नियों का,
अफ़सोस होता है मेरे बेज़ुबान होने का,
जब नहीं बता पता उन्हें की,
बादल ने घेर लिए है आपकी बर्नियों को,

और इन सब से ज्यादा,
छलक तो तब जाते है मेरे जज्बात तब सब से ज्यादा,
जब हर सुबह बाबूजी मुझ पर रखे शिवलिंग पर डालते है,
भक्ति भाव से लोटे से जलधारा,
छिटक के गिर जाती है कुछ बूँदें मेरे माथे पर भी
जागता हूँ उन्ही बूंदों से कई सुबह मैं,

इन सवालों के साथ
की पत्थर तो मैं भी हूँ और यह शिवलिंग भी,
फिर क्यों करना पड़ता है मुझे अपनी पूरी प्यास बुझाने के लिए
बारिश का इंतज़ार ?

आदत है मेरी,
अनगिनत ख़्वाब देखने की,
अपने मन को टटोलने की,
सबके मन को सुनने और महसूस करने की,

देखता हूँ मैं सब ,
और जुड़ा जाता हूँ इस परिवार से हर बार
पहले से कुछ ज्यादा गेहराईं के साथ।

15. शर्त

जाते जाते कुछ रुक कर उसने मुझसे
बस इतना कहा,
मेरे रास्तों को अपने मंज़िल से अब फिर कभी न जोड़ना तुम,
शर्त यह रहेगी की दिल मेरे अलावा
किसी और का न तोड़ना तुम ।

जो तैयार नहीं है आज मन
मेरे संग सफ़र बीतने का
शर्त यह है फ़िर
कल चाह हो अगर चाहत में फिर पड़ जाने का
तो एक बार फ़िर मौका तुम देना
मेरी चाहत को आजमाने का।

आदत है तुमको
जानता हूँ मैं,
तकिये में आँसू छुपाने की,
औरो को खुद से ऊपर रखना,
फिक्र है तुम्हे ज़माने की।

जाते जाते कुछ और शर्तें मैं अपनी रखता जाता हूँ
खुद के करीब रह अपने मन को रोज़ शाम सवेरे सुनना तुम
भीड़ से हट कर अपना जीवन अपने अंतर्मन में बुनना तुम।

सब जांच परख जब अपने मन का,

जब मन में कभी ये भ्रम आये,
तोड़ आयी हूँ कई बार उसका दिल जब
तो अब कैसे उसे फ़िर आवाज़ लगाए ?

आखिरी शर्त मेरी गौर से, मेरे साथी तुम समझ लेना,
मैं और मेरा जीवन बस तेरा,
फ़िर जब चाहे परख लेना।

तेरे तोड़ने से हर बार इस दिल में,
हाँ, घाव तो गहरा होता है,
अँधा सा हूँ बस तेरे प्यार में
इसलिए हर बार टूटने पर
एक लगाव सा कुछ होता हैं।

16. आधार

है यह उम्र का प्रहार,
की जीवन लगे पहाड़,
मन में अंतहीन गुब्बार,
पल पल यही विचार,
की इस जीवन का क्या आधार ?

सुने मन की हर पुकार,
करे दूर सब विकार,
लें अब सोच को सुधार,
तो जीवन को मिले आधार।

आधार हर उन सोच का,
समय न संकोच का,
पढ़े मन अपना सब,
करे कर्म अपना बस,
न मात्र मंज़िल को विवश,
न ले सोच कोई उधार,
कला मिलती नहीं उधार।

जो कर्म हो मंज़िल का आधार,
तो हर नयी सोच का हो उद्धार,
बने जीवन का फिर आधार,
तेरे जीवन का यही आधार।

17. टीस

पतझड़ में झड़ते पत्ते देख
क्या मन में टीस उठा करती है ?

ले ले जब विकराल रूप कोई धारा,
तब भी तो टीस उठा करती है।

फेरे जो अपना कोई तुमसे नज़र,
तब भी तो टीस उठा करती है।

चाहे हो जाए गलती से कोई गलती,
तब भी बस टीस उठा करती है।

गलत है क्या इन टीस का उठना,
मन का मन से रिश्ता टूटना,
जीवन है तुझमे जीवित हो जो तुम,
तो टीस तो उठेगा ही।

न हो मन विचलित,
सुख से न हो वंचित,
तो ऐसा जीना भी क्या जीना है ?

प्रेम प्रसंग है तेरा मानव,
जो जीवन और जीवित से,

पत्थर न रोये ठोकर से,
रोता तो मानव मन ही है।
यह टीस न हो जीवन में तो फिर क्या ,
मानव मन मानव भी है ?

18. हर्फ़

इस सर्दी में वह पिछली
सर्दी की सी बात नहीं थी,
खिड़की पर जमी थी बर्फ पर
पिघले पिघले उन हर्फों वालों
यह रात नहीं थी।

अब दोहर का भी दोहरा सा
मिज़ाज़ नज़र आता था,
क्षण भर में कर दे जो मुझको नर्म
ऐसी गरमाहट अब कहाँ फेर पाता था।

हर्फ़ वो जो बुन लेते थे
कई मंजिले ख़्वाब,
आज पड़ गए थे इनमे कई गांठे,
जब जम गए हो दोनों ही के लब
तो कोई भी हर्फ़ दर्द अपना कैसे बांटें ?

इस सर्दी ठंडी हवाओं से न डरता था मन,
जो देती थी तेरा इशारा, उन बातों से बस सिहरता था मन।

कब, कहाँ, कैसे और क्यों
की गुत्थी का कोई जवाब न था,
आज पिघला पिघला सा था यह मन
और इन हर्फों में घुला तेरा कोई ख्वाब न था।

19. यादों की डिबिया

चलों कहीं फिर दूर चलें हम,
इस बार न नदियाँ, न पहाड़ कहीं,
समुद्री लहरों का भी बौछाड़ नहीं,
इस बार क़दमों को न टहलायेंगे,
घर छोड़ होटलों में नहीं जाएंगे।

बसेरा खुद के घर में ही बसेगा,
'रास्ता दूर का न पर दुर्लभ होगा,
एक दुसरे के सामने देर बैठकर
आँखों से मन तक उतरेंगे हम।

यादों की डिबिया खोल खोल कर,
एक एक आकर्षण तक जाएंगे,
तुम मेरा सुनना, मैं तेरी सुनूंगी
यादें चुन सुन यादें बुन भी लेंगे
डिबिया से निकाल हर वह मीठे पल,
फ़िर जीने का एहसास करेंगे।

सफ़र पर अब जो है आ ही निकले,
कुछ मोड़ कुछ घाटी तो आएँगे ही,
कुछ तीख़े होंगे, कुछ सख्त पहाड़ी,
हम उनका भी आभास करेंगे,
जीते जीते उन बीते लम्हों को
चल रिश्ता अपना ख़ास करेंगे।

20. इमला

मासूम सोच ब्लैकबोर्ड पर लिखे
इमले का सारांश न ढूंढ पाई,
इज़्तेराब यूँ रहा की पढ़ाई को छोड़,
मनगढंत में बार बार डुबकी लगाईं।

फेर रहे थे सारे जब,
वर्णों की गढ़ित वर्णमाला,
खेल रहा था मेरा मन जो था,
बेबाक, बेफिक्री और अनगिनत सपनों वाला।

क्या आला दिन थे वो,
जब मेरा इमला अलग-थलग सा रहता था,
"य" से यार थे पहले,
"च" से चोट था बाद,
"भ" से भव्य था बचपन,
"छ" से छल बिन जीवन आबाद।

न था डांट का डर,
पर टटोले तो न ही थे निडर,
हर बातों में रटा एक नया जुमला था।

यारों से लड़ के थे रोते,
पर अक्सर झगड़ के ही थे सोते,
अपने जीवन का अलग थलग ही इमला था।

21. कान

कान का काम होता था सुनना
अब औकात तेरी दिखाए है,
संभाले चश्मों की डंडिया अपने कन्धों पर,
ब्रांड चश्मों का तेरे बतायें है।

किसका झुमका कितना भारी,
तेरी उस से ही अब निभेगी यारी,
बिन झुमके वालों की ज़िंदगी तो बस
तेरे नज़र में सिर्फ सजा-ए है।

देख दिखावे में हम इतने मगन है,
कोरे कानों के पीछे एक सुन्दर मन है,
पर मन तक क्या हम पहुँच भी पाए है,

अगर सुन लेते इसी कानों से,
किसी के बातों की गहराई को,
तो औकात उसकी तुम्हें दिख जाती,
चाहे जेब में उसके सिर्फ एक पाई हो।

www.ingramcontent.com/pod-product-compliance
Lightning Source LLC
Chambersburg PA
CBHW070650240926
51846CB00003BA/857
9789375439097